Conserver la Couverture

GERMAIN BAPST

SOUVENIRS D'UN CANONNIER DE L'ARMÉE D'ESPAGNE

1808-1814

LITHOGRAPHIES DE LUNOIS

PARIS
J. ROUAM ET Cie, ÉDITEURS
14, RUE DU HELDER, 14

1892

SOUVENIRS

D'UN CANONNIER

DE L'ARMÉE D'ESPAGNE

GERMAIN BAPST

SOUVENIRS D'UN CANONNIER DE L'ARMÉE D'ESPAGNE

1808-1814

LITHOGRAPHIES DE LUNOIS

PARIS
J. ROUAM ET Cie, ÉDITEURS
14, RUE DU HELDER, 14

1892

A MON FRÈRE

ANDRÉ BAPST

CAPITAINE BREVETÉ D'ÉTAT-MAJOR
COMMANDANT
LA 11e BATTERIE A CHEVAL DU 29e RÉGIMENT D'ARTILLERIE

Tu ne t'étonneras pas, mon cher André, que je te dédie la publication des Notes d'un Canonnier d'artillerie légère ; ce n'est que rendre à César ce qui appartient à César. Mais c'est aussi, de ma part, le témoignage des sentiments qui nous attachent l'un à l'autre.

GERMAIN BAPST.

Paris, 26 juillet 1891.

PRÉFACE

La popularité de Napoléon, déjà considérable dans l'armée et dans le peuple, à la fin de l'Empire, s'était accrue, après son exil à Sainte-Hélène, de tout ce que peut donner « l'auréole du martyre ». Béranger et Horace Vernet traduisaient cet enthousiasme dans la littérature et les arts.

Avec la Révolution de 1830, la légende prit un tel développement, que la monarchie de Juillet y vit pour elle un moyen de gouvernement. Alors, chez l'ouvrier comme chez les princes, on trouve le *Mémorial de Sainte-Hélène*, ou l'*Histoire de Napoléon*, par Norvins. Sur la table du salon des Tuileries, les fils du roi des Français feuillettent, chaque soir, les albums de gravures dessinées par Charlet et par Raffet.

Suivant de près la poésie et les arts, l'histoire commence son œuvre ; mais elle ne s'attache encore qu'aux grands événements, aux chefs et à l'ensemble des masses. Elle explique comment tel ressort intellectuel mû dans la tête de l'Empereur a produit tel ou tel mouvement de centaines de mille hommes. L'historien dépeint l'armée française, composée de millions d'individualités dont chacune a une âme, une pensée et un moral, comme une énorme machine, dont les parties diverses forment une unité.

Ce ne fut qu'il y a quelque trente ans que des romans, tranchant avec les procédés historiques en usage, détachèrent de la masse une de ces individualités, en firent l'étude psychologique et s'efforcèrent de nous la présenter, non pas telle qu'elle fut jamais, mais telle qu'elle pouvait apparaître à un cerveau de romancier.

Tout enfant, je lus en cachette, au lieu de faire mes devoirs, un de ces romans sur la campagne de 1813. Un seul sentiment se dégagea en moi : l'enthousiasme. Il me sembla que, moi aussi, j'avais un schako ou un casque, que je mettais au bout de ma baïonnette ou de mon sabre, pour crier : « Vive l'Empereur ! » Il me sembla qu'à la batterie de la charge, j'entrais, baïonnette basse, dans le village de Kaya avec les conscrits de la division Souham. Peu m'importait la description que le romancier faisait, au milieu de la bataille, d'une maison éventrée par les boulets, où une branche de buis béni accrochée au-dessus d'une image semblait dire que « là on avait aimé ». Ce n'était pas cela qui m'attachait. Mais je suivais à l'assaut l'aigle du régiment où était incorporé le héros du roman, je puisais à la même gamelle, j'avais le même *enthousiasme*, j'avais surtout celui qu'il aurait dû avoir, plus commode pour un écolier de dix ans, qui lit un roman sur son pupitre, que pour un conscrit qui a le ventre vide et qui marche, sac au dos, au milieu de la pluie, de la boue, des blessures, sinon de la mort.

Ces romans firent voir qu'à côté de l'Empereur, des maréchaux et des ministres, il y avait les instruments modestes de leurs victoires, et que ces individualités méritaient d'être étudiées sous leurs aspects physiques et moraux. Alors apparurent les mémoires de simples soldats, ceux de Coignet, de Fricasse, de Curély et de tant d'autres.

Les notes que nous publions sont de ce genre. Je ne dis pas qu'elles nous fassent voir la guerre d'Espagne sous un beau jour, mais elles nous montrent que si le soldat français n'était pas heureux, il semblait du moins l'être par sa gaieté persistante et par la blague, qui avait toujours le dernier mot dans toutes les occasions.

(Les notes en question, écrites de la main de Manière, sont à la disposition de tout écrivain qui voudrait les consulter en original.)

HISTOIRE ANECDOTIQUE

SOUVENIRS D'UN CANONNIER

DE L'ARMÉE D'ESPAGNE

I

Il y a dix ans, j'étais commissaire du bureau de bienfaisance et j'avais dans mon service le quartier de la butte des Moulins, aujourd'hui disparu. Au nombre des personnes que je visitais fréquemment, se trouvait un sieur Manière, vieillard de quatre-vingt-cinq ans passés, aux cheveux blancs coupés en brosse, aux moustaches épaisses, droit comme un I dans sa redingote plus qu'usée, mais sans une tache et sans un grain de poussière. Pour toute ressource, Manière n'avait que trois cents francs par an, qui lui étaient alloués, à titre de secours, sur les fonds légués aux anciens soldats par Napoléon Ier, dans son testament. C'était, en effet, un ancien soldat du premier Empire, jouissant de toute sa mémoire et ayant conservé l'esprit gouailleur naturel au Parisien. La fine riposte comme le bon mot ne lui faisaient jamais défaut. Aimant à raconter ses campagnes, il les narrait spirituellement, sans hâblerie, avec simplicité et bonhomie. Il mourut en 1880; pendant les jours qui précédèrent sa mort, je le voyais souvent pour lui apporter les secours que l'Assistance publique lui accordait. J'avais eu de longues conversations avec lui; à plusieurs reprises, il m'avait emmené aux Invalides et mis en rapport avec ses vieux camarades de la Grande Armée. Moi, qui sortais du régiment, et lui, qui y était entré en 1807, nous nous étions liés d'amitié, à ce point que, lorsqu'il mourut, il me légua tout ce qu'il possédait, sa croix de la Légion d'honneur, sa gourde avec laquelle il avait fait les campagnes d'Espagne, et son portefeuille rempli de papiers.

J'ai longtemps gardé ces papiers sans les publier; aujourd'hui, je viens les présenter au public. Dans ses notes, Manière se peint tel que je l'ai connu. Tout ce qu'il y raconte est empreint d'un tel accent de vérité qu'il a dû en être l'acteur ou le témoin, à coup sûr. Quelquefois, ce sont des anecdotes sans importance; un peu plus loin, ce sont des faits qui touchent aux questions les plus élevées de l'histoire.

A l'âge de quinze ans il est incorporé comme trompette jusqu'à l'époque de la Restauration, où, rentré dans ses foyers, il a encore des rapports avec ses anciens camarades restés dans l'armée. Nous le voyons presque aussitôt après son entrée au service passer en Espagne avec le corps d'armée de Victor (1er corps). Il est à Somo-Sierra ; successivement, il traverse toute l'Espagne, il donne son impression sur l'état de civilisation de ce pays, et dépeint les habitants et les villes tels qu'il les a vus; il nous parle assez longuement du siège de Cadix, auquel il a assisté deux ans avec sa compagnie d'artillerie, puis de la retraite de Soult sur Valence, de sa marche en avant sur Zamora, et enfin de sa rentrée en France pour rejoindre la Grande Armée en Champagne. Malheureusement, là s'arrêtent ses notes; il ne nous parle ni de Vittoria, ni des combats qui eurent lieu autour de Bayonne, et nous ne le retrouvons que lorsqu'il est retraité, après la campagne de France, pendant la Restauration. Cependant il a assisté à presque tous les combats de 1814, il a été blessé à Champaubert, comme le portent ses états de service, et il me répétait qu'en Champagne il avait vu maintes fois l'Empereur, qui lui parla.

Ces notes, disons-nous, nous sont parvenues sans liaison entre elles et même sans aucun ordre; à en croire le sommaire que Manière avait fait, beaucoup d'entre elles auraient disparu. Quelquefois il nous décrit des anecdotes personnelles, ailleurs il parle de faits militaires auxquels il a pris part. Pour le comprendre, pour entrer, en quelque sorte, dans son personnage et saisir les milieux dans lesquels il se dépeint, il nous faudra intervenir. Nous prendrons donc la parole pour exposer, en quelques mots, les événements qui ont précédé ou accompagné ceux dont il parle, et qui les expliquent succinctement.

D'abord, en raison de son âge, il s'engage comme trompette dans les gendarmes d'ordonnance de la garde, corps d'élite, à l'uniforme vert, resplendissant de broderies d'argent, composé de jeunes gens de famille. Que ce soit dans ce corps ou ailleurs, partout où nous le verrons, Manière se montrera à nous sous le jour spirituel du vrai gamin de Paris. A Mayence il commence « ses blagues ».

Le 18 avril 1807, nous dit-il, étant à Mayence, aux gendarmes d'ordonnance de la Garde impériale, nous allâmes à la promenade; nos chevaux n'avaient qu'une couverture sans selle; on commanda : Au trot. Un monsieur, nommé Bordemer, se tenait très mal à cheval; je me mis à lui dire : « Monsieur Bordemer, vous vous tenez à cheval comme une pincette sur le dos d'un chien. » Rentré à la caserne du *Cheval d'or*, dans la Grande Rue, à Mayence, M. Bordemer dit à M. de Monaco, qui était chef d'escadron, que je l'avais insulté en disant qu'il se tenait mal à cheval.

Le chef d'escadron me dit : « Tu vas monter à cheval. » Je lui observai que j'en descendais. Cela ne lui parut pas suffisant : on fit sortir de l'écurie un cheval de cinq ans, — il y avait plusieurs jours qu'il n'en était sorti, — on lui mit seulement un bridon, il était à poil, on me prit par une jambe, on me jeta sur le dos de cet animal qui ne demandait pas mieux que de courir. Dans la cour du quartier, il y avait un grand carré long avec de la terre : c'était là

qu'on exerçait les recrues; je partis au trot; le chef d'escadron me cria d'allonger; au moment où je passais devant lui, il lança un coup de chambrière sous le ventre du cheval; celui-ci m'emporta au galop; j'eus beau scier du bridon, le cheval était plus fort que moi (je n'avais que quinze ans). Comme j'aurais fini par me casser le cou, je dirigeai le cheval près d'un tas de fumier, sautai en bas du cheval et l'abandonnai; le cheval, voyant la grande porte de la caserne ouverte, gagna la Grande Rue et fila au travers de la place Verte; c'était le jour de marché : il sauta dans des paniers à œufs, des fromages blancs, blessa deux femmes et causa un dommage de trois cents francs.

Je reçus comme punition cinq jours de salle de police; je dis au chef d'escadron que c'étaient plutôt ceux qui m'avaient donné un cheval plus fort que moi et qui avaient essayé de me faire casser le cou qui devraient être punis.

Comme il n'y avait pas de salle de police, on me fourra dans une boutique où il y avait trois marches à monter; on avait mis des barreaux de fer aux fenêtres, la vue donnait sur la rue. Il y avait deux jours que j'étais là, lorsque M. Bordemer, qui m'avait fait punir, vint à passer avec deux de ses amis; m'ayant aperçu, il s'approcha de la croisée où j'étais et me fit de la morale; il me dit devant ses deux amis : « Petit drôle, je vous ai bien dit que je vous ferais punir! » Quand il eut fini, j'ajoutai : « Quand j'aurai fini mes cinq jours de salle de police, cela ne vous empêchera pas de vous tenir à cheval comme une pincette sur le dos d'un chien. » Ses amis se mirent à rire en lui disant : « C'est bien fait, tu n'aurais pas dû faire punir ce jeune homme! »

Le corps des gendarmes d'ordonnance est bientôt licencié, et Manière passe alors à la 3e batterie du 3e régiment d'artillerie détaché au 1er corps de la Grande Armée, qui entre en Espagne avec Napoléon, à la fin de 1808.

Manière fait partie de l'avant-garde qui atteint la gorge de Somo-Sierra, défendue par 15 000 Espagnols, sous les ordres de don Juan de Benito :

Nous sommes entrés en Espagne au mois d'octobre 1808; nous étions à Oiranda, près de Vittoria; le 25 octobre, on nous annonça l'Empereur avec la Garde; nous reçûmes l'ordre de nous porter en avant. En arrivant à Burgos, il y eut un petit engagement entre des dragons et des Espagnols; ceux-ci ne tinrent pas, ils nous attendaient à la Somo-Sierra.

L'Empereur nous a passés en revue; le lendemain, nous nous sommes portés en avant. Le 29 novembre, je faisais partie de deux pièces de huit du 3e régiment d'artillerie à cheval; nous étions d'avant-garde avec les chevau-légers polonais; arrivés devant la Somo-Sierra (ce sont deux montagnes assez rapprochées où il y a un passage étroit par lequel il ne peut passer que deux voitures de front, et, pour pénétrer dans cette gorge, il faut descendre comme dans une cave). A gauche de la route, les Espagnols avaient abandonné un canon dont les crosses étaient enclavées dans un petit rocher. Les Espagnols avaient etabli une batterie qui enfilait la grande route, et, en avant de cette batterie, ils avaient fait un grand fossé très profond. Nous commençâmes le feu avec nos deux pièces. L'Empereur était tout près, il nous regardait manœuvrer; son cheval grattait du pied, il ne pouvait pas avancer.

Des deux montagnes il y avait des batteries qui nous couvraient de mitraille; les biscaïens frappaient sur nos caissons couverts en tôle, ce qui faisait un drôle de carillon. L'Empereur regardait avec sa lorgnette le sommet de droite pour voir si les grenadiers de la Garde paraissaient; ils avaient reçu l'ordre de gravir la montagne pour prendre les batteries espagnoles à revers. Deux de nos camarades ont eu les jambes coupées devant les yeux de l'Empereur. Napoléon commanda aux chevau-légers polonais d'enlever les batteries. Le 1er escadron se précipite dans le fossé, le 2e escadron suit le premier, il surmonte l'obstacle, et les batteries sont enlevées. Le colonel a eu son cheval tué et les deux cuisses coupées. La route et les deux côtés étaient couverts de Polonais hachés par la mitraille[1].

Les chevau-légers ont ramené environ trois cents prisonniers, presque tous des moines; ils avaient encore leur cartouchière autour du corps. Dans ce temps-là, on faisait courir le bruit que l'Empereur les avait fait charger pour les punir de la conduite qu'ils avaient tenue à Châtellerault.

Manière a donc vu la charge des lanciers polonais, qu'on appelait communément ainsi, quoiqu'ils n'eussent point encore de lances (on ne leur en donna qu'en 1809). On sait que M. Thiers prétendit que le 1er escadron de ce régiment avait hésité, et que c'était le reste du régiment qui avait enlevé la

1. Il y a erreur : le 3e escadron des chevau-légers seul exécuta cette charge, ayant à sa tête le chef d'escadron Kozietulski; le colonel n'arriva qu'après, avec les trois autres escadrons. L'officier qui eut les jambes emportées et qui mourut peu après était le capitaine Dzjeswanowski. Le chef d'escadron eut son cheval tué sous lui pendant la charge.

position. Ségur, qui avait chargé avec l'escadron de tête (le troisième et non le premier dans l'ordre de bataille), fut blessé pendant la charge et dut se retirer. Une fois blessé, il crut l'escadron anéanti et raconta dans ses *Mémoires* que ce furent les escadrons suivants du même régiment qui s'emparèrent de la position. Un troisième témoin, Niegolewski, qui était lieutenant de l'escadron de tête, raconte et démontre surtout que son escadron, quoique à moitié détruit, parvint jusqu'aux redoutes, s'empara des batteries et mit les Espagnols en déroute; il ajoute que, lorsque la suite de la charge arriva, l'escadron de tête (le troisième) était déjà maître non seulement du défilé, mais aussi du débouché sur le plateau[1]. Quant à la réflexion de la fin, qui fut souvent répétée dans les bivouacs

---

1. Par les 1er et 2e escadrons, que Manière dit avoir vus s'engouffrer dans la montagne, il faut entendre la 3e et la 7e compagnie, formant le 3e escadron.

Pendant longtemps l'honneur d'avoir commandé la charge de Somo-Sierra fut attribué au chef d'escadron Lubienski, lequel, en réalité, n'y était pas. Ce n'est qu'en 1855 qu'on restitua à Kozietulski ce trait glorieux sur ses états de service, et aujourd'hui, au ministère de la guerre, cet état porte un renvoi avec la mention : « A commandé la charge des chevau-légers à Somo-Sierra! »

Pour démontrer de la façon la plus claire que le 3e escadron, composé des 3e et 7e compagnies, a seul chargé, il suffit de prendre les contrôles du régiment des chevau-légers de la Garde conservés aux archives du ministère de la guerre : les quatre officiers tués sont du 3e escadron; les officiers et sous-officiers blessés sont éga-

des guerres du premier Empire, elle demande une explication, car elle est aujourd'hui peu connue.

Les chevau-légers polonais de la Garde, qui venaient d'être formés à Varsovie, avaient traversé la France pour se rendre en Espagne. En passant par Châtellerault, la ville leur fit fête et organisa, en leur honneur, pour le soir de leur arrivée, un grand bal auquel prit part toute la société des environs. Au début tout alla bien; mais, lorsque le bal était dans son plein, à un signal donné, les lanciers s'emparèrent des portes et y firent la garde pour ne laisser entrer personne; d'autres se ruèrent sur les maris ou les pères de famille, les rouèrent de coups

---

lement du même escadron; enfin, en dehors du 3ᵉ escadron, il n'y eut de tués que sept cavaliers.

Voici le détail des tués :

Officiers tués : Capitaine Dzjeswanowski; lieutenant Kryzanowski; lieutenants en second, Rudowski et Rowicki, tous du 3ᵉ escadron.

Officiers et sous-officiers blessés : Capitaine Krazinski; maréchal des logis Roman, de la 3ᵉ compagnie; maréchaux des logis Tedwen et Kierznowski, de la 7ᵉ compagnie.

Cavaliers tués : 1ʳᵉ compagnie : Horodecki (Joseph), Biatowski (Louis).

2ᵉ compagnie : Zurawski (Hippolyte-Joseph), Stawinski (Joseph).

3ᵉ compagnie : Zabellowski (Bartholomé), Strachowski (Jean). Trawinski (Pierre), Sienkiewicz (Vincent), Kiernowski (Joseph). Suterzycki (Léon), Rymdycko (Ignace), Inagowski (Romulus), Rokuszcski (Faustin), Wisniewski (Paul), Ciezelski (Louis), Wisilewski (Alexandre), Drodzewski (Ignace), Zilic (Boniface).

5ᵉ compagnie : Lipinski (Joseph).

6ᵉ compagnie : Kowalski (Grégoire).

7ᵉ compagnie : Jasinski (Joseph).

et les mirent dehors. Une fois en présence des femmes et des jeunes filles, ils renouvelèrent la scène de l'enlèvement des Sabines par les Romains[1]. Lorsque ces faits furent rapportés à Napoléon, il ne crut pas devoir sévir sur le moment. Il est probable qu'à Somo-Sierra il se souvint de la conduite des chevau-légers polonais à Châtellerault, et qu'il trouva alors l'occasion de les punir, en les lançant contre les batteries espagnoles.

De Somo-Sierra, la 3e batterie du 3e régiment d'artillerie légère entre, avec Napoléon, à Madrid, et en ressort bientôt pour chasser les Anglais d'Espagne. Dans la marche sur la Corogne, l'armée eut à franchir les cols escarpés du Guadarrama, passage des plus difficiles, que Manière nous raconte ainsi :

.... Nous traversons la montagne du Guarda-Ramon, qui reluisait comme un diamant; nous avions marché toute la nuit; le matin, nous avions fait halte au pied de la montagne en attendant des ordres pour nous porter en avant; tout à coup, l'Empereur arrive, suivi de son état-major; un général dit à l'Empereur : « Sire, il faut mettre pied à terre, les chevaux ne tiennent pas pied. » Napoléon répondit : « S'ils ne montent pas sur les pieds, ils monteront sur la tête. » Au même instant, il piqua des deux et franchit la montagne. On a craint un moment

1. L'affaire de Châtellerault a été reproduite par une lithographie non signée, attribuée par les uns à Charlet, par les autres à Bellangé. Elle est devenue fort rare; il en existe un exemplaire dans la collection de M. le comte Lorencez.

pour lui; car son cheval se cramponnait, il faisait des glissades à tout casser. Son état-major monta à pied, tenant les chevaux par la figure.

Aussitôt l'expédition de la Corogne terminée, Manière rejoint avec sa batterie le 1er corps, sous les ordres de Victor. Chargé, durant les premiers mois de 1809, d'occuper l'Andalousie, il se dirige vers le sud, franchit le Tage à Almaraz et poursuit sa marche vers Séville.

Dans ce trajet, les troupes traversent le fameux village du Toboso, patrie de la Dulcinée de Don Quichotte, et, peu après, le maréchal livre la bataille de Medellin, où, avec 12 000 hommes, il défait 36 000 Espagnols. Mais bientôt Wellington, parti de Lisbonne, sort du Portugal, et marche de l'ouest à l'est sur Madrid.

Pour couvrir la capitale de l'Espagne, Victor rétrograde; il repasse le Tage, effectue sa jonction avec le corps du maréchal Jourdan, près de Talavera, dont le nom n'allait pas tarder à devenir célèbre. Le passage des troupes françaises dans le village du Toboso a donné lieu à diverses anecdotes qui ont été racontées par plusieurs témoins, entre autres par le lieutenant de Rocca[1]. Manière séjourna aussi dans ce fameux village; il nous raconte y avoir vu un fait assez burlesque, puis il

1. *Mémoires sur la guerre des Français en Espagne*, par M. de Rocca, Paris, in-8°, 1817.

nous parle d'un combat qui eut lieu sur le Tage au moment où Victor, rappelé par Joseph à l'approche de Wellington, retournait rapidement sur ses pas pour couvrir Madrid du côté de Talavera :

Nous sommes arrivés au Toboso, écrit Manière, dans le village où Don Quichotte a rencontré la Dulcinée, lorsque, dans la nuit, nous fûmes réveillés par une vingtaine de dragons qui chantaient et faisaient un tapage infernal. Nous regardâmes par la fenêtre et nous vîmes des dragons, tous en ribote, portant des cierges allumés et chantant : « Arès Platéro ! Arès Platéro ! » Au milieu d'eux était un petit âne, âgé d'environ six mois; ils lui avaient mis un pantalon rouge aux jambes de derrière, et lui avaient passé les jambes de devant dans une veste qui venait se boutonner sur le dos; ils avaient cousu la veste et le pantalon sur le dos du bourriquet, qui se trouvait ainsi habillé à la mode du pays. Ils avaient fait deux trous dans les bords d'un grand chapeau de paysan, et les deux oreilles sortaient du chapeau, qu'ils lui avaient fixé sur la tête avec des rubans attachés sous le col. Dans chaque maison où ils entraient, ils faisaient boire ce pauvre âne, qui léchait très bien ses babouines lorsqu'il avait bu. Des paysans suivaient cette bande, en jurant de ce que l'on avait habillé un âne en chrétien.

Le jour vint, il fallut partir. La division de dragons était en bataille, lorsque l'on vit arriver un nommé Binet, du 5e régiment de dragons, traînant derrière lui le pauvre Platéro ; ils étaient tous les deux à moitié ivres. Un maréchal des logis accourut dire à Binet : « Dépêchez-vous de monter à cheval, on va partir. » Binet enleva le pauvre Platéro sur ses pieds de derrière et se mit à l'embrasser ; leurs deux têtes se trouvaient ensemble et Binet disait : « Adieu, mon pauvre Platéro, nous ne nous reverrons peut-être jamais! » Le général Dijon et les officiers riaient de bon cœur de voir les adieux touchants de ces deux amis.

Dix ans après, je rencontrai à Paris Binet (il était facile à reconnaître : il avait six pieds et il louchait); je lui rappelai son départ du Toboso ; il me dit : « Je regrette encore ce temps-là. »

Du Toboso, le corps de Victor continua sa marche sur l'Andalousie. Mais l'arrivée de Wellington sur le Tage l'ayant fait rétrograder, il se trouva en présence des Anglais, et eut, pendant les quelques jours qui précédèrent la bataille de Talavera, plusieurs escarmouches à soutenir contre les Anglo-Espagnols. C'est l'une de ces escarmouches que raconte maintenant Manière :

Un jour, nous étions partis avec un détachement de dragons entre Arzobispo et Almaraz ; nous étions en train de fourrager, lorsqu'une vedette vint nous dire qu'un détachement de cavaliers arrivait au trot. On monta aussitôt à cheval et nous sortîmes par la grande rue du village où l'ennemi entrait derrière nous. Mais le capitaine de dragons nous fit prendre à gauche et nous rentrâmes au village derrière l'ennemi. On se battit dans les rues, l'ennemi lâcha pied, nous fîmes une cinquantaine de prisonniers. Mais quel fut notre étonnement de voir que ces prisonniers étaient Français! L'officier nous dit que c'étaient des bourboniens. Nous ne savions pas que c'étaient des Français émigrés qui avaient pris du service en Espagne ; ils étaient habillés en vert, avaient des chapeaux retroussés d'un côté, une cocarde blanche et une petite plume blanche. Ils nous avaient tué et blessé plusieurs hommes; de leur côté, il y eut une douzaine de morts et environ vingt blessés que nous laissâmes dans le village. Les cinquante prisonniers furent conduits par notre détachement au quartier général; mais, pendant la route, il y en avait qui nous racontaient que les paysans étaient venus les avertir qu'un petit détachement de cavaliers était dans le village occupé à prendre du fourrage, et qu'aussitôt les cavaliers avaient pris des fantassins en croupe et étaient venus pour tâcher de nous faire prisonniers, mais que leur intention n'était pas de nous tuer, attendu que nous étions Français comme eux. Pendant le trajet, plus de vingt s'enfuirent dans la montagne; nous les regardions partir. L'officier fit courir après plusieurs fuyards, mais aucun cavalier n'en ramena un : nous étions satisfaits intérieurement de les voir échapper au sort qui les attendait, car nous étions certains d'avance qu'ils seraient fusillés. Après une bataille, si l'on était vainqueur, le peu d'animosité qu'on avait pendant le combat s'évanouissait, et l'on éprouvait le sentiment de la générosité envers le vaincu. Je me suis rencontré sur les champs de bataille avec les Anglais, les Espagnols, les Portugais, les Écossais, les Irlandais, et en France avec les Russes, les Prussiens, les Autrichiens, les Hanovriens, les Suédois, les Saxons, les Wurtembergeois, les Nassau, les Badois, les Croates, les Kalmouks; à tous ces peuples-là nous tendions la main, une fois vaincus. Mais aux Cosaques irréguliers, tous pillards, nous ne faisions pas de quartier. Ces Cosaques ne vivaient que de ce qu'ils pouvaient piller; eux et leurs chevaux ne recevaient jamais de distributions. C'étaient des hordes sauvages, qu'on lâchait pour piller, brûler, violer, et pour harceler l'armée; jour et nuit, ils tournaient autour de nous, sans jamais nous laisser un moment de repos.

Les prisonniers dont il est question dans le combat d'Almaraz faisaient partie d'un corps d'émigrés français connu sous le nom de « chasseurs britanniques ». Ce corps, créé en Angleterre, combattit à Quiberon; il fut reformé en 1808, et quelques-unes de ses compagnies étaient encore composées d'émigrés français : c'est ainsi qu'il fit la campagne d'Espagne sous les ordres de Wellington[1]. Cette anecdote est assez curieuse; elle montre combien le nom de Bourbon avait été oublié dans la masse du peuple. On y constate aussi combien il y avait peu d'animosité dans l'armée impériale contre l'ennemi, et l'on voit la franche bonhomie des rapports de nos troupiers avec des peuples qu'ils avaient tant de fois vaincus.

Si Manière n'a rien écrit sur la bataille de Talavera, il en parlait souvent et, entre autres anecdotes rapportées par lui, il avait vu dans les champs, me disait-il, le cadavre du tambour-major du 24e de ligne. Ce militaire était tombé sur la face, et comme, seul de tout le 1er corps, il portait encore l'ancienne coiffure poudrée à queue, on voyait

1. Déjà en 1807, il faisait partie du corps du général anglais Vanchope dans l'attaque tentée contre Rosette, en Égypte, ainsi qu'il résulte d'un état envoyé au ministère anglais des pertes faites à la date du 29 mars par le bataillon des chasseurs britanniques. On y voit les noms du capitaine de Sérocourt, du lieutenant d'Amice, tués, des capitaines du Hautoy, de Combremont, de Calonne, de la Fitte, des lieutenants Le Maistre, de Sault, Klinzer, Spitz, du porte-drapeau Roussingault, blessés.

cet appendice relevé par la chute du pauvre homme, et formant en l'air une petite pointe au-dessus des touffes de blé sous lesquelles le corps était presque entièrement dissimulé. Sans doute le brillant tambour-major du 24e voulait imiter ses collègues tout chamarrés d'or et tout couverts de plumes des grenadiers de la Garde, qui à cette époque portaient la queue et la perruque poudrée.

On sait qu'à la bataille de Talavera, la journée fut tellement chaude, que le combat fut suspendu de part et d'autre à l'heure où le soleil est le plus ardent. Lors de cette espèce de trêve, Manière et ses camarades cueillaient des épis de blé, les écrasaient dans leurs mains et en mangeaient les grains. Ils firent de cela leur nourriture durant toute la bataille.

Notre canonnier nous fait quitter un instant les combats et nous parle un langage empreint d'une haute philosophie en nous dépeignant dans un tableau curieux l'état d'abêtissement dans lequel le gouvernement et le clergé avaient maintenu l'Espagne, et en nous montrant combien notre influence y fut civilisatrice.

Certes, les Français ont le droit de maudire la guerre de la Péninsule qui leur a été si funeste. Mais, à l'heure qu'il est, Napoléon devrait être le saint le plus honoré de l'Espagne. En effet, cette guerre de 1808 à 1814 fut le plus grand bienfait que le peuple espagnol ait jamais reçu, tant au point de vue in-

tellectuel qu'au point de vue matériel. Aujourd'hui que les haines sont apaisées, que le patriotisme espagnol soulevé contre la domination étrangère a reconquis son indépendance, que cette nation vit tranquille et heureuse sous le plus beau ciel de l'Europe, elle peut reconnaître, en toute justice, que, malgré tout le mal que nous lui avons fait de 1808 à 1814, nous lui avons fait encore plus de bien, et tandis que les traces du mal ont disparu, le bien que le soldat français lui a apporté subsiste encore et l'Espagne en profite chaque jour.

A notre arrivée à Valladolid, dit Manière, il y avait encore, sur la Grande Place, des charbons du dernier autodafé que l'on avait fait. Nous avions ouvert les prisons de l'Inquisition à Burgos, à Valladolid, à Cordoue, à Madrid, à Tolède, à Ciudad-Réal, à Séville, à Grenade, à Sainte-Marie, à Xérès, à Puerto-Réal, à Antequerra, à Mérida, à Trujillo et dans beaucoup d'autres endroits; partout la même chose : des cachots souterrains où il y avait des malheureux enchaînés par le milieu du corps, la chaîne scellée dans le mur, un banc de pierre avec un peu de paille pourrie par l'humidité pour lit. Plusieurs de ces cachots, ceux qui n'étaient pas privés de jour, tiraient leur jour sur un couloir par un trou oblique qui n'avait pas plus de six pouces de large.

On voyait, à la prison de Port-Sainte-Marie, un couloir au niveau du sol qui prenait jour, à l'extrémité, sur une petite cour; là, le geôlier de la prison avait trois gros cochons noirs, qui se vautraient dans de la boue infecte; c'est cet air que le prisonnier respirait jour et nuit. Ces cochons étaient tellement gras qu'ils ne pouvaient plus se lever. J'ai vu des rats leur faire des trous dans le gras des jambons, et, pendant que les rats les mangeaient, les cochons poussaient un petit grognement comme si cela ne faisait que les chatouiller.

Il y avait un cachot où un soldat espagnol était mort. C'était alors la coutume en Espagne : on faisait coucher un prisonnier dans ce cachot, où il respirait l'infection du corps mort. Les prisonniers que nous avons délivrés avaient presque tous *los grillos* aux pieds. Cet appareil est composé de deux gros anneaux passés à chaque pied ; une partie des anneaux est percée pour pouvoir emboîter le bas de la jambe. Il y a une tringle de fer qui passe derrière les jambes ; dans des œillets adaptés aux anneaux, à l'extrémité de la tringle, on passe une clavette que l'on rive sur une enclume, qui est posée par terre, de manière que cette clavette empêche la tringle de sortir des anneaux. Les prisonniers sont obligés d'avoir une corde au milieu de la tringle ; ils l'attachent autour du corps, afin de maintenir les anneaux au-dessus des chevilles des pieds pour éviter le frottement du fer contre les os ; dans cette position, ils ne peuvent avancer qu'un pied à la fois, et encore en ressentant une très forte douleur.

On le voit, l'armée française en entrant en Espagne lui apportait les bienfaits de la civilisation. Ce pays était, en quelque sorte, un cul de basse-fosse privé de jour et d'air depuis des siècles, et la France, en y pénétrant, ouvrait les deux battants de son énorme porte, et y faisait entrer en même temps des flots d'air et de lumière.

II

Nous revenons maintenant aux opérations militaires du 1er corps en 1810, au moment où la bataille d'Ocaña a détruit toute résistance aux environs de Madrid. Le maréchal Soult occupe presque toute l'Andalousie; une seule ville résiste, Cadix. C'est là que s'est réunie la junte insurrectionnelle qui dirige les opérations des insurgés espagnols.

Cadix n'est, pour ainsi dire, pas en terre ferme; cette ville est située à l'extrémité d'une longue presqu'île qui est séparée de la terre ferme par des marais et des canaux. Le maréchal Victor est chargé d'assiéger cette place; les lignes d'investissement de son corps d'armée sont fort étendues : ses troupes sont échelonnées à Port-Sainte-Marie, à Puerto-Réal et à Chiclana; en un mot, il occupe les côtes environnant la presqu'île de Cadix, dans laquelle il ne pénètre point.

Au moment du siège, dans le port de Cadix et en rade, étaient embossés les fameux pontons, prisons au souvenir terrible, sur lesquels Anglais et Espagnols maintenaient, au mépris du droit des gens, les soldats du corps de Dupont qui avaient capitulé à Baylen et qui, aux termes de la capitulation, devaient être conduits en France avec armes et bagages.

On sait quelles horribles souffrances ont endurées ces prisonniers de guerre. Ils étaient enfermés dans les batteries de ces vieux pontons, et la plupart du temps on ne leur donnait aucune nourriture : un grand nombre d'entre eux moururent de faim. On laissait les cadavres à côté des survivants, et il arriva que, sur plusieurs de ces pontons, il y eut plus de cadavres que de vivants. Ceux-ci, enfermés avec les morts, et respirant l'infection des corps en putréfaction, ne tardaient pas à succomber. On sait que tout Français qui pouvait, à la nage, parvenir jusqu'au rivage, était sauvé, puisque le corps du maréchal Victor occupait les côtes. Lors des grandes marées ou pendant les orages, quelques prisonniers français réussirent, pendant la nuit, à couper les câbles qui maintenaient les pontons à l'ancre. Malgré la mitraille des Espagnols et des Anglais, ces navires vinrent échouer au rivage et les prisonniers qu'ils renfermaient furent sauvés. Malheureusement, la barbarie des Espagnols et des Anglais vis-à-vis de ces misérables avait été telle, que, sur plus de 17 000 hommes qui capitulèrent à Baylen, il en revint à peine 2 000 en France; les autres avaient été assassinés ou étaient morts de faim sur les pontons et dans l'île de Cabrera.

La première anecdote que Manière raconte montre que les Anglais ne se contentaient pas de martyriser les prisonniers français : ils venaient encore les narguer jusque sur les pontons. Le fait n'est point ignoré : un prisonnier de Cabrera assure aussi qu'il vit un jour débarquer d'un bâtiment un lord anglais qui venait voir de près l'état de misère et de souffrances auquel étaient réduits les prisonniers, qu'on laissait souvent sans vivres dans cette île déserte. Mais à Cabrera cette visite fut suivie d'un acte encore plus révoltant que celui raconté par Manière. En effet, lorsque le lord eut débarqué dans l'île, à la suite d'un trop copieux déjeuner, il fut pris d'une indigestion suivie de toutes ses conséquences. Chose horrible, les prisonniers français étaient tellement tourmentés par la faim, que quelques-uns surent s'accommoder de ces restes dégoûtants.

Manière était en grand'garde en 1810, lorsqu'eurent lieu les faits qu'il raconte ainsi :

Il nous est arrivé à Puerto-Réal un marin de la Garde impériale, un Breton ; il s'était sauvé des pontons de Cadix à la nage. Il nous raconta que, quelques jours avant sa fuite, un milord anglais était venu avec un nègre boxeur défier les Français prisonniers pour boxer avec son nègre. Les prisonniers, qui connaissaient la force du Breton, lui dirent : « Tu devrais soutenir l'honneur de la France. » Le Breton dit au milord : « Si vous voulez me faire donner à manger à discrétion, je me boxerai avec votre nègre. » Le milord consentit. Au bout de trois jours, le Breton avait un peu repris ses forces, qui étaient épuisées par les privations de tous genres que l'on faisait endurer aux prisonniers. Milord fut exact au rendez-vous. Le nègre, qui jouissait du renom de premier boxeur de Londres, s'avança fièrement en face du Breton, qui l'attendait. Au moment où le nègre faisait mouline et remouline avec ses poings, le Breton recule de trois pas, s'élance sur le nègre et, d'un coup de tête dans l'estomac, il le fait sauter à la mer par-dessus les bastingages du navire. Milord dit que le combat n'était pas régulier; le Breton répondit : « Votre nègre boxe à l'anglaise et moi je boxe à la française. »

Les Anglais, pour épouvanter les prisonniers qui tenteraient de s'évader, en avaient pendu plusieurs au grand mât. Un prisonnier des pontons, voyant les soldats français si près de lui et ne pouvant les rejoindre parce qu'il ne savait pas nager, s'ingénia l'idée de construire deux petits barils; il en attacha un devant et un derrière, et essaya son esquif en se tenant à la corde du seau attaché au bâtiment afin de s'assurer que les barils étaient capables de le porter. L'amour de la liberté l'emporta sur le danger qu'il allait courir en s'exposant à travers les vagues sur un si faible appui. Enfin, il lâcha la corde qui le retenait caché sous le flanc du navire et, se recommandant à Dieu, il se dirigea du côté de la batterie Napoléon; la marée montante le poussait vers la terre. Au moment où il allait atteindre la rive, une chaloupe de ronde l'aperçut (c'était pendant la nuit qu'il se sauvait) et, au lieu de l'enfoncer d'un coup d'aviron sur la tête comme ils avaient l'habitude de le faire, les Anglais, le voyant nager tout debout et se diriger avec deux petites palettes qu'il avait faites, le prirent et le conduisirent à l'amiral anglais. Celui-ci lui fit donner à manger, et, s'étant assuré qu'il ne savait pas nager et que son instinct seul lui avait suggéré l'idée de se construire ce moyen de sauvetage, le renvoya avec son appareil au général Ruffin, qui était à Puerto-Réal.

Cet amiral a voulu imiter Napoléon, à qui, étant au camp de Boulogne, on amena un Anglais que l'on avait attrapé en mer, monté sur quatre planches mal jointes: il essayait avec cette frêle embarcation de prendre le large et de regagner l'Angleterre. Amené devant l'Empereur, Napoléon lui demanda quel motif assez puissant l'avait décidé à risquer sa vie, sur mer, avec une aussi frêle embarcation : « C'est peut-être pour aller retrouver ta maîtresse? — Mieux que cela, répondit l'Anglais, c'est pour aller retrouver ma mère, qui, j'en suis sûr, mourra de chagrin, me sachant prisonnier. » L'Empereur, touché d'un pareil dévouement filial, lui fit remettre de l'argent et le fit reconduire en Angleterre. L'Empereur, par ses procédés généreux, tâchait que les Anglais l'imitassent et adoucissent le sort de nos prisonniers; mais il n'en fut pas ainsi; on avait donné Verdun et la campagne environnante pour prison aux Anglais : loin de nous imiter, ils nous ont donné les infâmes pontons.

Du 23 mai 1810 au 26, il y eut une grosse tempête et vingt-sept bâtiments périrent devant Cadix. Il y avait, sur trois pontons, des prisonniers de la division du général Dupont qui avait capitulé à Baylen devant les Espagnols mal armés, tandis que lui avait 20 000 hommes de bonnes troupes, les marins de la Garde, une bonne artillerie et les cuirassiers, les rouges et les verts (les gardes de Paris).

. . . .

Durant cette tempête, les prisonniers de deux pontons ont sauté sur les gardes espagnols, les ont mis à fond de cale, ont coupé les câbles, et le vent avec la marée montante les ont fait échouer devant la batterie Napoléon; ils étaient sauvés. Il y avait le ponton *l'Argonaute*, où étaient les malades; on a sauvé ceux qui étaient un peu valides. Des marins de la Garde vinrent demander le boutefeu pour aller incendier le ponton; il y avait encore une vingtaine de malades à bord, tous avaient le scorbut, et, à mesure que les flammes s'approchaient d'eux, ils se jetaient à la mer pour éviter d'être brûlés.

Le récit de Manière s'arrête ici; mais on peut le compléter à l'aide des mémoires d'un apothicaire qui reproduit le même fait :

Aussitôt que les malades s'étaient jetés à l'eau, les marins de la Garde les recueillaient dans des chaloupes et les ramenaient à terre.

Manière nous introduit ensuite dans la vie journalière des soldats de l'armée assiégeante.

En 1811, étant au siège de Cadix, nous avions un camp établi au bord de la mer, près du Trocadéro. Il vint à passer un nuage de grives qui émigraient pour aller dans les pays chauds. Ces grives s'étaient reposées près de Tanger, dans le Maroc; là, elles faisaient leurs provisions de vivres pour pouvoir gagner les îles Canaries et Ténériffe. Elles passèrent au-dessus de notre camp. Des officiers prirent leurs fusils et tirèrent sur celles qui volaient le moins haut : ils en tuèrent passablement. Un de ces officiers rentrait de la chasse, quand un autre officier lui demanda s'il avait fait bonne chasse; il frappa la crosse de son fusil à terre pour montrer les grives qu'il avait tuées; le fusil partit et le plomb lui entra dans le front : il fut tué sur le coup.

Au bout d'une demi-heure, nous aperçûmes un point noir à l'horizon et, peu à peu, ce point noir grossissait;

c'était un grain qui s'approchait avec des éclairs et qui forma un orage terrible. Au bout de deux heures, la marée montait et le bord de la mer était couvert de grives que les vagues nous apportaient. Les pauvres grives avaient été surprises par l'orage et étaient presque toutes noyées; nous en ramassâmes une grande quantité, dont nous fîmes un bon régal, vu que nous n'étions pas accoutumés à manger de la volaille : nous étions au quart de ration et beaucoup passaient aux Espagnols pour pouvoir manger à leur appétit.

Étant à Port-Sainte-Marie, en face de Cadix, notre maréchal-ferrant, un nommé Malgras, revint à notre posada les yeux noirs des coups qu'il avait reçus. Je lui demandai qui est-ce qui l'avait arrangé comme cela; il me répondit : « C'est ce malin de Cassier, l'armurier du quartier général. » Je lui dis : « Tu pouvais avec ton brochoir (marteau pour river les clous des fers à cheval) lui casser la figure. » Dès ce moment j'avais conservé une rancune contre ce Cassier et je me proposais, à la première occasion qui se présenterait, de venger notre maréchal-ferrant.

Un jour, un bâtiment américain fit côte en face de Rota. Nous attendions des ordres pour nous poster, avec deux pièces, vis-à-vis où le bâtiment était échoué, et tirer sur les chaloupes qui voudraient s'approcher pour enlever le navire et le conduire à Cadix. Nous étions plusieurs artilleurs de notre compagnie chez un nommé Angel, tavernero; il y avait également de l'infanterie; Cassier s'y trouvait aussi lui. Un fantassin passait en courant dans la rue; je l'interpellai et lui demandai s'il y avait quelque chose de nouveau pour l'artillerie; il me répondit : « Non! » mais qu'il allait porter un ordre pour faire partir un bataillon pour Rota. Je lui proposai d'accepter un verre de vin; il but et partit. Pendant ce temps, Cassier

4

me toisait des pieds à la tête; je vis son intention de me chercher querelle; je dis au brigadier qui était avec moi, assez haut pour que Cassier m'entende : « Tiens, en voilà un qui me regarde, on dirait que je lui ai vendu des pois qui n'ont pas voulu cuire. » Il vit bien la provocation, il riposta : « Dis donc, toi, tu as l'air d'étonner ton monde. » Je lui répliquai : « Je n'ai jamais étonné personne, mais je pourrai bien t'étonner, toi. » Il me répondit : « Allons, partons. » Au même instant on sonnait l'appel, je lui dis : « Je vais répondre à l'appel, va toujours en avant dans les dunes, en face de la douane, hors la ville, et je te suis. »

Peu de minutes après, j'arrivai avec mon vieux brigadier. Cassier tira de son pantalon deux demi-espadons, il les dégaina, fit une raie sur le sable et me dit : « Tu aurais dû apporter une pelle et une pioche, voilà ton tombeau. » Je lui dis : « Si tu me tues, je serai présent. » Il tira un calepin et me demanda mon nom; je lui dis : « Je te le marquerai sur la figure, mon nom. » Sur son calepin, il avait les noms de dix-sept braves militaires qu'il avait tués. Ses favoris et ses moustaches très longues se joignaient ensemble, sa figure n'était que du poil, on ne lui voyait que les yeux. Il jeta les deux espadons à terre et me dit : « Choisis. » Ils étaient de pareille longueur. J'en pris un, je jetai l'autre à terre : il le ramassa. Nous voilà en garde. Il me pousse un dégagement en dehors, je pare en demi-cercle : nos deux montures se rencontrèrent. Il était fendu à fond; si je n'avais pas paré le coup, il m'aurait traversé de part en part. Je lui donnai un coup de manchette; malheureusement, l'espadon était de trois quarts et ne coupait pas. Cassier s'attendait à ce que je lui envoie un coup de pointe; lui, par une remise de main, il m'aurait cloué. Je changeai tout le jeu : il tirait la pointe, je ripostai par des coups d'espadon. Il se fendit une seconde fois sur moi : alors, ramassant le fer en dessus, je lui lançai un furieux coup sur la figure. Il jeta son arme et me saisit par la chemise en criant : « Cochon, tu tapes sur la figure ! » Je lui répondis : « Il y a du sang partout. » Au même instant je donnai un croc-en-jambe et le jetai par terre, puis, après un coup de botte bien appliqué sur l'estomac, je reculai de trois pas et je m'empressai de ramasser mon arme que j'avais jetée. Je dis à mon vieux brigadier : « Il faut que je le tue ! » Jusqu'à ce moment j'avais plaisanté, mais la colère s'empara de moi en voyant un homme de cette espèce qui en avait tué tant d'autres. Il voulut se mettre en garde, mais il ne pouvait tenir son espadon; d'un autre côté, Cabour, mon brigadier, me dit : « Tu n'as plus ton sang-froid, je ne veux plus que tu te battes aujourd'hui. » Nous prîmes rendez-vous pour le lendemain, à sept heures du matin. Exacts au rendez-vous, nous attendîmes jusqu'à huit heures. Personne ne vint; s'il était venu, je lui aurais fait tirer le bancal, sabre de l'artillerie, et je me promettais de lui tailler des grillades; enfin, je dis au brigadier : « Retournez à la posada, moi je vais voir un pays, Tellier », qui était à l'hôpital hors de la ville. Comme je parlais avec ce pauvre Tellier, qui est mort quinze jours après notre entrevue, il me dit : « Tu t'es donc battu, hier ? » Je lui demandai qui l'avait instruit; il me dit en voyant Cassier au bout de la salle : « Tiens, voilà celui que tu as envoyé hier ici. » Effectivement, Cassier s'avançait en se balançant, son bonnet de police sur l'oreille, avec une queue à son bonnet et un gland qui lui tombait jusqu'aux genoux. Arrivé près de nous, je lui reprochai de nous avoir fait attendre de sept heures à huit heures sans qu'il se présentât; il me répondit que je lui avais cassé la clavicule de l'épaule. Effectivement, il avait des éclisses de bois qui étaient attachées à l'épaule et deux bandes de... qui fixaient les chairs sur le nez et le menton. Il me dit que quand il sortirait de l'hôpital il viendrait me trouver; je lui promis de lui donner sa revanche.

Environ trois mois après, j'étais couché sur une terrasse et regardais les vaisseaux qui venaient de Tanger pour entrer dans le port de Cadix, quand un artilleur de la compagnie se mit à crier : « Manière ! » Je demandai du haut de ma terrasse ce qu'il y avait de nouveau ; il me répondit : « Descends, voilà ce malin que tu as esquinté, qui vient demander sa revanche. » J'allai aussitôt trouver mon vieux brigadier qui m'avait servi de témoin lors de ma première rencontre. Cassier et deux grenadiers nous attendaient chez Angel, le tavernero, et buvaient du vin de Xérès; je lui dis : « Allons, partons ! » Il m'offrit un verre, je refusai en disant que je n'avais pas besoin de boire pour me donner du courage et que je me battais à jeun. Je fis venir deux verres de vin, je trinquai avec les deux grenadiers et ne voulus pas trinquer avec Cassier. Un des deux grenadiers me dit : « Si vous pouviez le descendre, nous vous payerions une bonne bouteille, car c'est un gueux qui a tué tant de braves garçons au régiment. » Soit que son bras ne fût pas assez guéri, il ne voulut pas recommencer l'épreuve. Je lui dis : « On va bien rire dans le corps d'armée quand on saura qu'un maître d'armes s'est fait casser la clavicule d'un coup de botte en tirant l'épée. » Cette affaire m'avait fait un renom à la compagnie. Ce qui avait trompé Cassier, c'est que je n'avais que dix-sept ans et qu'il croyait que je ne connaissais pas les armes. S'il avait su qu'un nommé Buisson, premier maître du 12e régiment d'infanterie légère, m'ayant vu tirer dans un assaut d'armes, et me trouvant assez leste, me proposa de me donner des leçons ! Étant à Puerto-Réal (les habitants s'étaient enfuis à Cadix), nous étions les propriétaires; tous les jours, de midi à une heure, il me donnait une leçon et me démontrait toutes les roueries du métier; ce qui m'a servi en maintes occasions, non pour chercher querelle, mais pour me défendre au besoin.

On a beaucoup répété que l'on avait vu des conscrits tuer des maîtres d'armes; cela est vrai. Voici comment : un conscrit hargneux et parfois insolent insulte un maître d'armes. Ce dernier, poussé à bout et pour donner une leçon de politesse au conscrit, consent à aller sur le terrain. Son devoir est de ménager l'élève, de chercher à parer et de ne jamais porter un coup au conscrit; car si le maître d'armes avait le malheur de le blesser, il encourrait le blâme des chefs et de ses camarades. Le conscrit, qui voit qu'on le ménage, s'enhardit, et finit, par un coup de maladroit, par envoyer le maître d'armes *ad patres*.

Malgré les ordres rigoureux de l'Empereur, les soldats ne recevaient pas toujours en campagne des distributions réglementaires, et l'armée française, dans les guerres de la Révolution et de l'Empire, perdit plus de monde par la faim et les privations que par le feu de l'ennemi. Ces faits, souvent décrits, mais particulièrement par Fezensac et de Rocca, trouvent leur confirmation dans le témoignage de Manière :

Au siège de Cadix, dit-il, nous étions au quart de ration; plusieurs militaires désertaient pour pouvoir vivre. On donnait un pain de 3 livres, moitié de son, pour quatre jours. Il y avait des militaires qui le mangeaient en deux jours; et, en attendant une nouvelle distribution, il fallait pourvoir à sa subsistance.

Nous allâmes, quatre artilleurs de la compagnie, dans un champ de blé de Turquie ou maïs. Nous nous étions baissés pour ramasser des oignons: tout à coup, une grêle de pierres lancées avec des frondes coupèrent les épis autour de nous. Comme une dizaine de paysans nous chargeaient, nous nous mîmes à courir du côté de la ville. Un nommé Picart avait pris un gros potiron et ne voulait pas abandonner sa prise, ce qui l'empêchait de courir. Les paysans le conduisirent chez le commandant de place. J'étais au coin d'une rue, je le vis passer escorté par les paysans et portant la citrouille sur sa tête; je lui criai : « Tu portes ta condamnation avec toi, jette-la donc par terre! » C'est ce qu'il fit. Un paysan crut me reconnaître et voulut m'emmener aussi chez le commandant de place avec Picart. Comme je n'avais rien sur moi qui pût prouver que j'avais été à la maraude, j'appelai des fantassins qui passaient dans le moment, nous bousculâmes les paysans; pendant ce temps-là, Picart s'était esquivé et avait regagné la posada.

Ce Picart était fort mangeur et était souvent à la découverte. Un jour il arriva à Puerto-Réal des charrettes attelées de bœufs; il fit le projet d'en enlever un. Les charrettes avaient apporté une grande quantité de biscuits de mer qui pourrissaient dans quelque magasin; on nous le distribua par ration; et, lorsqu'on le cassait pour le mettre dans le bouillon, le dessus de la gamelle était tout couvert de petits vers blancs qui étaient dans les biscuits; nous trouvions cela excellent, n'ayant rien d'autre à manger. Les charrettes étaient parquées sur la place, près d'une fontaine. Nous allâmes six artilleurs pour tâcher d'emmener un bœuf. Picart s'approcha d'une charrette, saisit la longe qui attachait le bœuf à la charrette, la coupa, et entraîna la bête dans un bâtiment en construction, qui était hors de la ville, au bord de la mer. La lune éclairait l'intérieur du bâtiment, qui n'avait pas encore de croisées. Un nommé Hardy tenait le bœuf par la longe. Un nommé Vandruswen, un Flamand, s'approcha du bœuf et lui asséna un coup de hache sur la tête; au lieu de le frapper entre les deux cornes, il frappa sur une corne : la hache sauta en l'air et le bœuf mugit de telle façon que le bâtiment en tremblait. Le Flamand chercha sa hache, la retrouva, et poursuivit le bœuf; il lui donna plusieurs coups sur les reins et finit par l'abattre; on le saigna. Je dis au Flamand : « A toi le pompon pour assommer un bœuf par la croupe! » On courut avertir les camarades de la compagnie; le bœuf fut découpé avec son cuir, chacun en emporta un morceau pour les hommes de sa pièce. Le lendemain matin, on fit la recherche du bœuf qui manquait à l'appel; on trouva la tête, les cornes et la panse, que les habitants s'empressèrent d'emporter chez eux, attendu qu'ils étaient aussi malheureux que nous : un pain de munition valait 20 francs, et, plus tard, on ne pouvait en obtenir pour aucun prix; tous les matins on trouvait quinze à dix-huit habitants morts de faim dans les rues. J'ai vu un pauvre chat manger un de ses camarades qui était mort de misère. En quittant le siège de Cadix, nous avons trouvé le couvent de la Cartonga plein de blé germé, de farine moisie et de biscuit gâté, tandis qu'on nous avait fait jeûner.

Le blocus de Cadix dura jusqu'au milieu de l'année 1812, malgré les descentes des Anglais, dont la principale échoua dans un combat glorieux pour nos armes, à Chiclana. Mais, le 22 juillet 1812, l'ancienne armée du Portugal ou armée du centre, commandée par Marmont, fut battue à Salamanque. Madrid étant sous le coup de tomber au pouvoir des Anglais et des Espagnols, le roi Joseph abandonna sa capitale et se retira à Valence. En quittant Madrid, Joseph donna l'ordre à Soult d'abandonner l'Andalousie et de venir le rejoindre à Valence avec son armée, dont faisait partie le 1er corps, qui assiégeait Cadix. Une fois les armées d'Andalousie et du centre réunies, fortes ensemble de 80 000 hommes de vieilles troupes, elles marchèrent en avant, reprirent Madrid et s'avancèrent dans la province de Zamora et jusqu'en Galicie en poussant devant elles l'ennemi, qui refusait sans cesse le combat.

Les notes de Manière, qui suivent, ont trait à la retraite du 1er corps de Cadix sur Valence, à la marche de Valence vers l'ouest à travers toute l'Espagne, et à l'occupation des villes de Toro et de Valladolid par la compagnie d'artillerie légère dans laquelle il servait :

Après avoir quitté le siège de Cadix, le 25 août 1811, nous battîmes en retraite, poussés par les Anglais, qui avaient débarqué derrière nous. Nous étions à peine sur les hauteurs de Xérès, que nous aperçûmes la mer couverte de bâtiments qui amenaient l'armée anglaise.

Nous avions devant nous Balastero, qui avait réuni environ 25 000 hommes et qui nous disputait le passage. De 20 000 hommes que nous étions en arrivant devant Cadix, nous restions à peine 14000. A Antequerra, il a fallu passer au travers de ce corps d'armée. Ce qu'il y avait de terrible, c'est que tous nos blessés étaient assassinés par les paysans, qui s'étaient soulevés pour chasser les Français de leur patrie.

A Moron, une compagnie de voltigeurs du 96e régiment formait l'arrière-garde et était restée en observation en attendant l'ordre de battre en retraite. Un chasseur à cheval apporta l'ordre du général Villatte de se mettre en marche au capitaine de cette compagnie de voltigeurs. Les habitants fermèrent la grande porte de la ville; ces pauvres voltigeurs furent obligés de s'entr'aider pour escalader les murs des jardins qui entourent la ville, pendant que les paysans tiraient sur eux dans toutes les directions et les tuaient presque tous : le capitaine, un lieutenant et douze hommes ont seuls échappé à ce massacre.

En partant de Grenade, à environ une lieue et demie, il y avait un défilé où les Espagnols nous attendaient. On laissa un régiment d'infanterie pour faire le coup de feu. Il y eut une centaine de fantassins blessés. On les conduisit dans un village, à une lieue du combat, et on les mit dans une maison, qui servit d'hôpital, avec deux chirurgiens pour les panser. On dit à l'alcade qu'il répondait des blessés; mais nous n'avions pas fait une demi-lieue que nous entendîmes des coups de fusil : c'étaient nos blessés que l'on égorgeait avec les deux chirurgiens. On détacha un escadron de dragons, qui retourna en arrière et mit le feu au village; mais les paysans, voyant venir les dragons, avaient gagné la montagne, d'où ils envoyaient des coups de fusil. Le temps que l'on avait perdu à retourner au village avait donné à la cavalerie anglaise le temps d'arriver. Deux régiments de la division des dragons, les 5e et 12e, prenaient la charge et repoussaient la cavalerie anglaise; pendant ce temps, les 19e et 21e dragons faisaient manger leurs chevaux. Peu de temps après, on apercevait un nuage de poussière : les deux régiments qui avaient fait rafraîchir leurs chevaux montaient à cheval, reprenaient la charge, et pendant qu'ils repoussaient les Anglais, les deux régiments qui avaient chargé se portaient en arrière pour faire rafraîchir leurs chevaux à leur tour.

Nous avons fait plus de deux cent cinquante lieues dans cette position, harcelés jour et nuit. Nous avons été rejoindre le roi Joseph avec sa garde, qui avaient été chassés de Madrid; il était à Valence en attendant du renfort pour le conduire à Madrid. Il rentra dans sa capitale. Les Espagnols le nommaient : « Pépé le vinaigré », parce qu'il faisait distribuer aux soldats du vinaigre au lieu de vin; il disait que le vin était trop capiteux et que le vinaigre dans l'eau rafraîchissait.

Nous reprîmes l'offensive et nous fûmes à Toro, une ville sur une hauteur. Il y a une rivière qui coule au pied de la montagne; il faut au moins une demi-heure pour aller de la ville à la rivière. Un jour que nous étions descendus pour faire boire nos chevaux à la rivière, un Espagnol d'une quinzaine d'années faisait boire deux chevaux d'un officier de dragons; le cheval qu'il tenait par la longe le tira en bas; ce malheureux se noyait et allait passer sous un pont emporté par le courant. Plus de deux cents dragons et artilleurs regardaient cet enfant se noyer; je poussai mon cheval à la nage et, passant près de lui, je le saisis de la main droite et je parvins à lui faire gagner la terre dans une petite île. Mon cheval en rabordant s'enfonça dans la vase, et ce n'est qu'après de nombreux efforts que je parvins à le mettre à la nage. Je suivis le cours de l'eau assez loin, car cette rivière est encaissée; je finis par trouver un petit sentier par où les bestiaux descendaient pour boire, je gravis cette pente et je revins par le pont pour rejoindre ma compagnie. On me fit des reproches et l'on me dit que j'avais failli perdre mon cheval. Je répondis : « Que, se fût-il agi d'un chien, j'aurais été à son secours. » Ma réponse déplut, on me mit pour cinq jours à la salle de police.

Pour venir loger à Toro, on avait envoyé deux hommes

par pièce choisir des maisons à l'effet d'y loger la compagnie. On avait désigné une grande rue pour l'artillerie. J'avais choisi ma maison, où il y avait des bornes et des chaînes devant, ce qui indiquait une maison riche, et j'avais écrit sur la porte avec du charbon : « Quatre hommes de la troisième pièce. »

L'homo de la casa nous avait apporté une cruche de vin; nos chevaux étaient dessellés, lorsqu'arriva le lieutenant Mesure, qui nous dit : « Il faut déloger, je prends cette maison pour moi. » Je lui fis l'observation que toutes les maisons où il y avait des écuries étaient prises, que nous allions attacher nos chevaux aux pièces et que nous resterions au bivouac. Nous partîmes bivaquer. Le lendemain, on fit le pansage des chevaux dans la grande rue. Un nommé Gobin, de Montdidier, avait une jument espagnole très chatouilleuse : lorsqu'on lui passait l'étrille sous le ventre, elle se couchait presque. Une femme, qui était sur le balcon de la maison, lui cria que s'il ne laissait pas son cheval tranquille, elle lui ferait donner une correction par le lieutenant. Je demandai au bourgeois de la maison que le lieutenant Mesure nous avait fait quitter, ce que c'était que cette femme qu'il avait chez lui; il me répondit que l'officier l'avait amenée avec lui, que sa maison était déshonorée, et qu'il préférait loger vingt militaires qu'une p... !

Je commençai à l'entreprendre; toutes les injures que je savais en espagnol, je les lui débitai; le paysan me disait : « *Muchos buenos* (Dis-lui encore davantage). »

Après le pansage des chevaux, on fit l'appel. Cette femme avait rapporté au lieutenant tout ce que je lui avais dit. L'appel terminé, le lieutenant me dit : « Vous avez insulté une dame de mon logement, je ne me servirai pas de mon grade pour vous punir. » (Il était prévôt d'armes.) Je lui dis : Quand il lui plairait. Le capitaine,

M. de Vallier, entendit ces propos; il voulut en connaître la cause : le lieutenant s'empressa de dire que j'avais insulté une dame de son logement; je répondis au capitaine que, bien loin d'être une dame, c'était une femme qui avait porté la moitié du corps d'armée et traîné l'autre. J'appelai le propriétaire, qui affirma que ce que je disais était vrai, et il ajouta que c'était une honte pour un officier d'avoir une pareille femme. Le capitaine ordonna que cette femme quittât la maison à l'instant même et consigna le lieutenant pour trois jours. Il a été obligé de garder les arrêts. Nous n'étions plus cousins ensemble. Quelques jours après, on détacha une demi-batterie avec le capitaine pour aller à Zamora au-devant des Anglais. Je restai avec le lieutenant. L'ordre nous fut donné de partir de Toro. Au moment de notre départ, le lieutenant, sans aucun motif que la vengeance de ce que le capitaine lui avait fait garder les arrêts, me fit mettre pied à terre et porter mon portemanteau par punition.

Je laissai partir la demi-batterie et je suivis derrière les pièces. Je rencontrai un nommé Luten, qui avait été mis à pied; il marchait difficilement, il boitait par suite de blessures qu'il avait reçues dans plusieurs batailles. Je lui dis : « Laissons partir les pièces », et une fois hors de la ville, à environ un quart de lieue, nous vîmes un bois d'oliviers sur notre gauche; nous nous y dirigeâmes et nous y restâmes jusqu'à ce que la grande chaleur du soleil fût passée.

Luten craignait que nous ne fussions pris par les guérillas; je le rassurai en lui disant que si les guérillas nous surprenaient, nous leur dirions que nous étions restés exprès en arrière pour déserter et passer aux Espagnols. Nous ne fîmes aucune mauvaise rencontre, et, arrivant dans la nuit à Tordesillas, on me dit que le

lendemain un général devait nous passer en revue. Je m'informai où était mon camarade de pièce et de bivouac; je le trouvai et me mis à nettoyer le harnachement de mon cheval pour être propre à la revue du lendemain. Nous venions, après quatre années, de recevoir des dolmans de France. Le général qui nous passa en revue dit au lieutenant : « Voilà un joli détachement! » Le lieutenant répondit : « Oui, général, mais j'ai une mauvaise tête dans la compagnie », et il me désigna. Le général me fixa. Je ne répondis rien au lieutenant, comme j'avais l'habitude de faire. J'entendis le général dire à Mesure : « Il est jeune, il se corrigera. »

Comme le lieutenant reconduisait le général, il se passa en moi un mouvement d'indignation. Je sortis un pistolet de ma fonte, je le plaçai entre ma cuisse et la chabraque et je dis à un nommé Dupain (d'Abbeville) : « Frappe en mains que tu me rejoindras aux guérillas qui sont dans la montagne. » (Il n'y avait qu'une demi-lieue.) Puis, je sors des rangs, je dis au lieutenant Mesure : « Tu n'en feras plus d'autres! » Je lui lâchai mon coup de pistolet en pleine poitrine et je piquai des deux.

Il n'y avait qu'un maréchal des logis et un nommé Boura qui étaient aussi bien montés que moi, et qui auraient pu me joindre; mais, loin de m'arrêter, ils auraient au contraire facilité mon évasion, sachant bien que je ne me serais pas laissé prendre sans me défendre, et que je ne craignais pas le premier venu.

Voilà comment des chefs poussent des militaires à bout et leur font faire des actions qui sont toujours répréhensibles, et considérer comme assassin celui qui commet cette mauvaise action. L'injustice des chefs a souvent fait d'un brave soldat un assassin.

Cette incartade de Manière n'eut pas de suites :

le lieutenant Mesure ne fut probablement pas atteint et ne se plaignit point; d'ailleurs, il ne se voyait pas absolument blanc. Ses états de services ne mentionnent aucune blessure reçue en cette circonstance; ceux de Manière ne portent pas non plus qu'il ait jamais subi une condamnation pour cet acte. Le fait en question avait lieu au commencement de 1813; or, un an après, Manière passait sous-officier; néanmoins ce fait prouve quelle indiscipline régnait parmi les troupes françaises, qui étaient alors composées d'hommes d'une bravoure à toute épreuve, mais toujours prêts à l'insubordination, quand ils ne se sentaient pas commandés.

D'après la suite de ses notes, Manière ne déserta pas, il rentra à Toro, où il eut l'occasion de faire encore quelques farces.

A Toro, dit-il, il s'est fait un miracle pendant que nous étions dans la ville. Au bas de la montagne il y avait une chapelle, dans laquelle était un saint de grandeur naturelle; il était habillé en velours avec des dorures; et, entre autres, il avait des sandales en argent. Un mendiant vint chez un orfèvre pour vendre la sandale du saint; l'orfèvre fit arrêter le mendiant; on l'emmena chez le corrégidor. Aux questions qui lui furent posées, il répondit que le saint lui avait donné sa sandale parce que, lui pauvre, il avait demandé l'aumône au saint.

Le lendemain, sept ou huit couvents sortirent en procession. En tête marchaient une douzaine de pénitents vêtus de san-bénitos noirs avec des capuchons, où il y avait deux trous pour les yeux et un pour la bouche; ils avaient de grandes trompettes comme celles du jugement dernier, et ils tiraient de ces instruments des sons lugubres. Le mendiant venait ensuite, tenant la sandale à la main. Cette masse de peuple et de moines de toutes couleurs descendit la montagne en chantant des cantiques : c'était un coup d'œil pittoresque que de voir tous ces costumes bariolés se dérouler dans les sinuosités de la montagne. On arriva à la chapelle ; il y avait environ cent personnes dans l'intérieur. On avait habillé un grand paysan affidé aux couvents avec les habits du saint ; il avait un pied chaussé, l'autre nu. Le pauvre mit la sandale au pied du saint; on demanda au saint s'il était vrai qu'il eût fait l'aumône de sa sandale au pauvre : le saint inclina la tête en signe d'assentiment et lança sa sandale au pauvre, qui la ramassa ; et, à l'instant, tous les Espagnols crièrent au miracle ; ils remontèrent à la ville en chantant, tandis que le pauvre tenait la sandale à la main.

Pendant ce temps, nos chevaux étaient sellés, nous avions nos pistolets chargés sous nos manteaux et nous étions prêts à monter à cheval : on craignait qu'à un signal donné, cette masse d'hommes ne se ruât sur nous, comme ils l'avaient déjà fait à la révolte de Madrid, le 2 mai 1808.

Étant de garde au parc d'artillerie, notre poste était établi dans le couvent de San-Francisco; nous avions démoli plusieurs cellules pour nous chauffer pendant les nuits, qui sont très fraîches. Des ecclésiastiques vinrent un matin nous demander si nous n'apercevions rien la nuit. Le brigadier de garde, un nommé Cabour, dit qu'il avait vu une lumière se promenant la nuit dans les décombres du couvent. Voyant qu'ils prenaient intérêt au récit du brigadier, j'ajoutai que, du milieu d'une chapelle qui était intacte, j'avais vu un personnage couvert d'une robe blanche et les reins ceints d'un grand cordon. Ils dirent : « Il n'y a pas de doute, c'est san Francisco ! » et que si nous voulions soutenir ce que nous leur avions dit, ils nous enverraient du vin de leur couvent. Nous leur promîmes ; et, au bout d'une heure, un moine accompagné d'un paysan apportait deux cruches de vin. Il nous demanda la permission de venir au poste vers minuit pour voir s'il apercevrait san Francisco ; on le lui permit.

Il y avait dans notre compagnie un nommé Maillet, qui était très blond et pâle de figure : je lui fis la proposition de faire un miracle ; je lui dis : « Tu mettras ta chemise sur ton dolman, tu viendras par la chapelle que nous avons désignée aux moines, tu tiendras un cierge allumé à la main, tu te dirigeras du côté du puits qui est presque comblé de pierres, tu éteindras ton cierge en le secouant et tu disparaîtras dans le puits. Le tour fait, nous ferons retirer tous les témoins du miracle. » Il me répondit : « Rien n'est plus facile que ce que tu me proposes ; mais si à un des curieux il prenait envie de s'assurer si je suis bien véritablement san Francisco et de me tirer un coup de fusil, je serais descendu pour avoir voulu faire un miracle. » Il refusa, et le miracle n'eut pas lieu.

Du comique nous passons au tragique ; ainsi Manière raconte un acte de pillage que l'on ne saurait trop flétrir :

Un jour, nous étions à Tolède : le maréchal X... voulut faire enlever un tableau qui était dans une chapelle, en face du chœur, dans la cathédrale de Tolède. Ce tableau représentait san Jago ou saint Jacques chassant les Maures d'Espagne ; il était à cheval, tenant un drapeau surmonté d'une croix (peint par Vélasquez).

On avait déjà enlevé les baguettes du cadre, on débroquetait la toile, lorsque les habitants de Tolède, aidés des paysans du mont Falloux qui descendaient des montagnes en armes, empêchèrent les hommes qui travaillaient à l'enlèvement du tableau de continuer leurs travaux. On rendit compte au maréchal X... de ce qui se passait; nous n'étions que six mille hommes, pas assez pour résister à cette masse de peuple qui venait défendre l'enlèvement de san Jago, patron de l'Espagne.

Le maréchal nous fit sortir de la ville; on nous fit mettre nos six pièces en batterie près d'un couvent qui fait face à la porte de la ville et en face du pont : ce pont a été bâti par les Romains, il est d'une seule arche, posé sur deux rochers; au-dessous, le Tage coule à au moins cent pieds de profondeur.

Le maréchal X... donna l'ordre à une compagnie de sapeurs du génie de faire le simulacre de miner le pont pour le faire sauter. La junte espagnole envoya prier le maréchal, pour Dieu! de ne pas faire sauter ce pont, qui était l'unique passage pour aller dans la Manche; le maréchal répondit : qu'il était obligé de faire sauter ce pont pour couper la retraite au marquis de la Romana qui s'avançait avec un corps d'armée destiné à nous repousser sur Madrid.

Le maréchal répondit à l'envoyé que, si l'on voulait lui fournir un million en quadruples ou onces d'or, et cela en deux heures de temps, il empêcherait la destruction du pont. La junte, ayant consenti à cet arrangement, s'exécuta : une voiture attelée de deux mules arriva avec deux caisses, le maréchal les fit mettre dans son fourgon avec les tableaux qu'il avait volés à Séville et à l'Escurial, on partit, le pont resta intact, mais les Espagnols gardèrent san Jago, qu'ils payèrent un million au maréchal. Que de fortunes acquises dans ce genre!

Durant la campagne de 1813, l'ancienne armée d'Andalousie séjourna à Valladolid quelque temps, que les canonniers du 3e régiment ne manquèrent pas d'employer gaiement.

Un jour, nous étions détachés cinq artilleurs de notre compagnie avec un maréchal des logis; nous arrivions à Valladolid. Étant entrés chez un tavernero, nous rencontrâmes trois artilleurs de la 5e compagnie du même régiment. Entre artilleurs du même régiment nous eûmes bientôt fait connaissance; on se mit à la même table et l'on se demanda réciproquement des nouvelles des camarades qui étaient dans chaque compagnie, lorsqu'un artilleur de la 5e compagnie, qui était un peu en ribote, se mit à dire : « Qui est-ce qui veut gagner mon manteau? » Personne ne répondait; il réitéra la même demande, et en nous regardant. Je crus qu'il voulait nous tâter pour voir si l'un de nous accepterait le défi. Impatienté, je lui dis : « Il est donc bien difficile à gagner, votre manteau? » Il vit que je relevais le gant, il me dit : « Collègue, ce n'est pas pour vous que je dis cela, c'est pour ces deux gendarmes qui sont à cette table, en face de nous. » Je lui dis : « Si vous êtes si batailleur, il faut garder votre ardeur contre les Espagnols, mais jamais Français à Français. » Il me serra la main en me disant : « Tu es un bon enfant ». On se quitta un peu tard. Le maréchal des logis avait eu besoin de nous : ne nous ayant point trouvés et moi lui ayant répondu par une plaisanterie : « Si vous étiez venu où nous étions, vous nous auriez trouvés. — Eh bien, pour vous rencontrer, lorsque j'aurai besoin de vous, je vais vous mettre dans un endroit où je serai sûr de vous trouver », il m'envoya pour trois jours à la prison de la ville. La prison a ses croisées qui donnent sur une grande place longue, entourée de balcons et d'arcades voûtées : c'est de ces balcons que la cour de Charles IV, roi d'Espagne, assistait aux autodafés. Quand nous sommes arrivés en Espagne, en 1808, il y avait trois mois que l'on avait brûlé dix-sept personnes par l'Inquisition.

En entrant dans la salle où se tenaient les prisonniers, un chevau-léger de la garde du roi Joseph vint me recevoir et me dit : « L'artilleur, tu vas payer ta bienvenue? — Je payerai de bonne volonté, mais pas de force. » Il insista, je lui dis que, puisqu'il voulait m'obliger par la force, je ne payerais rien. « Eh bien! en sortant, ajouta-t-il, nous nous alignerons. » Je lui répondis : « Volontiers. »

Au bout d'environ deux heures, arrive un détachement de chevau-légers. L'officier commanda : « Sur la gauche, en bataille, marche! Halte! A droite, alignement! » Quatre hommes mirent pied à terre avec un brigadier et se dirigèrent du côté de la prison. Le chevau-léger qui m'avait interpellé en entrant vient près de moi, me prend la main et me dit : « Voilà des camarades qui vont me faire mon affaire. » On lui attacha les deux bras, on le fit marcher à la tête du détachement, et, au bout d'une demi-heure, nous entendîmes une détonation : tout était fini, le pauvre diable était fusillé. Il avait eu des raisons avec un officier, et le chevau-léger avait tiré son sabre sur l'officier. Le drame était joué!

Nous quittons alors l'Espagne, et nous reproduisons la seule note que nous possédions de Manière sur la campagne de France :

Étant à Moulins, en 1814, à une lieue de Metz, arrivèrent deux maréchaux des logis du 3e hussards, un vieux et un jeune. Le vieux avisait sur la place une auberge pour faire rafraîchir leurs chevaux; pendant ce temps, l'autre maréchal des logis piquait son cheval, le faisait cabrer et, par des saccades avec le mors de la bride, il avait mis la bouche de son cheval tout en sang. Indigné de la brutalité de cet homme envers son cheval, je pariai quatre bouteilles avec un canonnier nommé Goblet que je prendrais le maréchal des logis par une jambe et que je le jetterais à bas de son cheval. J'allai au maréchal des logis et lui reprochai sa brutalité envers sa monture; il me répondit que cela ne me regardait pas, et il enfonça à nouveau ses éperons dans les flancs de son cheval : alors, je le pris par une jambe et lui fis vider les étriers. On mena le cheval à l'écurie. L'autre maréchal des logis survint; il ne s'agissait plus que de se rafraîchir d'un coup de sabre.

Le vieux maréchal des logis se nommait Mina; il était bloqué dans Metz; pendant que les alliés assiégeaient la ville, il avait fait, avec d'autres cavaliers, plusieurs sorties et avait causé assez de dommages à l'ennemi; il s'était fait ainsi un renom. Nous partîmes nous battre derrière des meules de foin. Pendant le trajet, Mina dit à un nommé Délaissement, mon témoin : « Ce maréchal des logis avec lequel le fourrier va se battre n'appartient pas au 3e hussards; il est sergent-major dans un régiment d'infanterie, il est de mon pays, c'est un jeune homme d'une famille riche, je lui prête un de mes costumes : j'ai la permission de sortir à cheval pour faire une promenade, je l'emmène avec moi; dites au fourrier qu'il le ménage. »

Arrivés sur le terrain, nous nous mîmes en garde; il commença à me charger, je n'avais que le temps de parer. Je lui fis quelques feintes pour l'amuser, mais le jeu commença à m'ennuyer, je dis à mes témoins : « Cela va finir! » Voyant que les témoins laissaient continuer ce

jeu qui les amusait, je changeai mon bancal de position et mis le tranchant en l'air, dans la position, qu'au moindre dégagement, je l'arrêtais d'un coup de pointe. Quand les témoins virent la position que j'avais prise, ils jugèrent à propos de faire finir le duel.

On ne tarit pas d'éloges sur le courage qu'il avait montré et les furieux coups qu'il m'avait portés. On nous fit donner la main en signe de réconciliation; on rentra à l'auberge de *la Couronne d'or* et l'on fit plumer des canards. On passa la nuit à boire et à chanter. Le lendemain, nous montâmes à cheval et leur fîmes la conduite jusqu'à Metz. A notre tour, nous oubliâmes le numéro de la compagnie; cela me valut cinq jours de punition chez Mazaro (c'est le nom du geôlier).

C'est là que je fis connaissance avec le rat Gaspard. Il avait la queue coupée et un grelot au cou; lorsqu'on appelait : Gaspard! Gaspard! il sortait d'un trou qu'il y avait sous le lit de camp, il venait prendre quelques petits morceaux de viande qu'on lui donnait et il retournait dans son logement. Il était l'ami de tous ceux qui venaient habiter chez Mazaro pour quelques jours; celui qui aurait fait du mal à Gaspard se serait fait un mauvais parti.

Rentré lors de la Restauration dans ses foyers, Manière a conservé ses habitudes gamines qui lui procurent quelques désagréments. Il continue ses relations avec ses anciens amis restés au service et il nous donne sur l'état d'esprit des troupes plusieurs renseignements curieux.

En 1815, après Waterloo, Louis XVIII était rentré à Paris ramené par les Anglais et les Prussiens; un peuple immense était dans le jardin des Tuileries et l'acclamait en criant : « Vive le Roi! » Louis XVIII se montrait au balcon qui donne sur le jardin, il envoyait des baisers au peuple, il lui disait : « Je vous porte dans mon cœur ! » En s'en retournant il montrait son dos, son habit boutonné devant en faisait ouvrir les basques, ce qui imitait parfaitement un cœur.

A l'entour du petit bassin, au jardin des Tuileries, en entrant par la rue de Rivoli, il y avait une quinzaine d'hommes et de femmes qui dansaient autour du bassin et qui chantaient tous ensemble :

Nous avons notre père de Gand,
Nous avons notre père !

(faisant allusion à Louis XVIII, qui était revenu de Gand). Une de ces femmes (que l'on payait trois francs par jour pour venir chanter et danser auprès du château, pour prouver l'allégresse que le peuple français éprouvait du retour de ses princes légitimes), se mit à dire : « Mesdames, danserons-nous encore demain ? » Une autre répondit : « Je crois bien, ce n'est aujourd'hui que le dix-septième jour, demain ce sera le dix-huitième comme notre bon père ! » J'avais observé que ses bas étaient percés, je lui dis : « Tu ferais mieux d'aller raccommoder tes bas, sa.... ! » Elle se mit à crier : « Un bonapartiste ! » La bande se rua sur moi : je sautai par-dessus les grilles des parterres ; ils me poursuivirent, je gagnai la terrasse du bord de l'eau, et comme ils s'approchaient, je me pendis par les mains au bord du parapet et me laissai descendre sur le quai du bord de l'eau. S'ils m'avaient attrapé, ils m'auraient fait un mauvais parti.

L'année suivante, à la Fête-Dieu, on vint me dire que le maréchal X.... suivait la procession avec un cierge ; je ne pouvais le croire. Je me rendis rue Royale-du-Louvre et là je vis revenir de l'église Saint-Germain-l'Auxerrois la procession. Le maréchal X.... suivait la duchesse d'Angoulême, il tenait un cierge d'une main et un bouquet de l'autre. Un monsieur qui était près de moi me fit remarquer le maréchal; je lui dis que le maréchal faisait amende honorable, pour les tableaux et les bons dieux en argent qu'il avait pillés en Espagne. Ce monsieur bien mis me dit : « Il paraît que vous êtes bonapartiste? » Je vis alors à qui j'avais affaire, je m'esquivai dans la foule, sans cela il m'aurait fait empoigner.

. . . .

Louis XVIII, en 1814, avait ramené avec lui le droit divin, les chouans, les vendéens; la religion avait repris son grelot et c'était à qui montrerait le plus de dévotion. Pour avoir de l'avancement dans l'armée, il fallait suivre les processions, faire son jubilé, aller à confesse et communier.

Un vieux maréchal des logis des grenadiers à cheval de la Garde royale, qui sortait de la Garde impériale, avait fait ses Pâques et se faisait remarquer par son assiduité aux sermons, etc. Un dimanche, à Versailles, il était commandé de service pour le détachement qui devait former la haie dans l'église, pendant la messe; il avait un petit chien qu'il aimait beaucoup : il l'avait trouvé tout jeune, dans une ferme dite des Quatre-Bras, à Waterloo; il l'avait rapporté sur son cheval. En entrant dans l'église, le suisse qui était à la porte de l'église donne un fort coup de canne au chien du maréchal des logis : ce pauvre animal se met à jeter des cris, par suite de la douleur du coup qu'il avait reçu; le vieux maréchal des logis, blessé dans ce qu'il avait de plus cher, saisit le suisse au collet et dans l'exaspération où il était, lui dit : « As-tu peur que mon chien mange ton bon Dieu? » On fit un rapport au colonel de la scène qui s'était passée à l'église, et comme le colonel était un émigré rentré en France à la suite des cosaques, ils renvoyèrent le vieux maréchal des logis, sans pension, au bout de 25 ans de service, 17 campagnes et 3 blessures.

Il y avait au 3e régiment de la Garde un vieux sapeur qui allait, comme beaucoup de ses camarades, à confesse; il obtenait chaque fois 1 fr. 50; pour communier, il recevait 3 francs. Il avait fait des plaisanteries sur les gratifications qu'il obtenait ainsi : des âmes charitables, comme il y en a toujours, avertirent l'aumônier du régiment que le sapeur se moquait du sacrement de la communion. Celui-ci, qui était un homme qui avait vécu parmi les troupiers, se décida à jouer un tour au sapeur. Le dimanche suivant, le sapeur s'étant approché de la sainte table, l'aumônier lui présenta une hostie en parchemin. Le sapeur tournait et retournait l'hostie dans sa bouche sans pouvoir l'avaler; son voisin, le voyant embarrassé pour terminer le sacrement, lui demanda ce qu'il avait, puisqu'il restait toujours à genoux; le sapeur lui répondit : « Je crois qu'il m'a f.... le Père éternel, car il a les os bougrement durs. »

Il y avait à Vincennes un nommé Forthom, trombone à l'artillerie de la Garde royale : il dit à l'aumônier : « Monsieur l'aumônier, je n'ai pas été baptisé; mon père était sellier au 12e chasseurs à cheval. Un jour, en Italie, il m'abandonna et me dit que j'étais assez grand pour pourvoir à mes besoins; des trompettes de l'artillerie me prirent avec eux, m'apprirent à sonner de la trompette, et je suis resté jusqu'à ce jour au régiment. » L'aumônier lui dit : « Mon enfant, c'est la grâce d'en haut qui vous éclaire. » Il fut trouver le marquis de Caraman, qui était colonel; il lui dit qu'il avait dans son régiment un trompette qui n'avait pas été baptisé : le colonel invita une vieille comtesse du faubourg Saint-Germain pour être marraine et lui parrain; ils étaient tout joyeux de sauver une âme, et d'un païen faire un chrétien. Le colonel invita son filleul à dîner, le parrain lui donna une pièce de vingt francs, la marraine lui donna autant, mais elle ajouta une montre en or. Au jour de l'an et à la fête du parrain et de la marraine, il allait leur rendre une visite; il en rapportait toujours quelque chose. Forthom était passé aux lanciers de la Garde. Un jour, à Melun, où il était en garnison, il eut quelques mots avec un musicien du régiment, qui lui reprochait la carotte qu'il avait tirée au marquis et à la comtesse; ils allèrent tirer l'épée et Forthom fut tué en duel. Ce qui prouve qu'il ne faut pas jouer avec les choses saintes et surtout avec les épées.

Nous terminons ces souvenirs en reproduisant une nuit passée à l'Hôtel des Haricots. Aujourd'hui, tout ce qui tient à la garde nationale a le don d'exciter l'hilarité, mais sous le gouvernement de Juillet cette institution était prise au sérieux par les bourgeois, au moins par les « bonnets à poil ». Manière, plus avancé que ses contemporains, ne craignait pas, au lendemain des « trois glorieuses », de compromettre la réputation de la milice citoyenne.

Quelques jours après le licenciement de l'artillerie, on me commanda de garde. Je mis ma capote de maréchal des logis d'artillerie, j'avais une grosse branche de chêne à la main. Le colonel Loubers me demanda où j'allais avec mon bâton; je lui dis que j'étais commandé de garde au Château et que, comme la consigne était de chasser les chiens, un bâton valait mieux qu'un fusil. Il me renvoya chez moi.

Peu de temps après, on me commanda de garde à la

mairie des Petits-Pères. J'avais mis mon fusil au râtelier, lorsqu'arriva dans le poste un homme avec un bonnet de police et une capote de couleur pleine de plâtre. Il me demanda si j'étais de garde. Je lui répondis que oui. Il me dit : « Vous ne pouvez pas monter la garde avec votre uniforme d'artilleur. » Je lui ripostai que je n'avais pas fait faire cet uniforme pour le roi de Prusse et que je n'avais pas envie de faire de nouvelles dépenses pour la garde nationale; il me dit que je devais m'en aller du poste. Je demandai à des gardes nationaux quel était cet homme qui venait se mêler des affaires du poste; on me répondit que c'était M. Duchâteau, major de la légion. Je dis : « Je ne lui en fais pas mon compliment, il a l'air d'un goujat, plein de plâtre. » J'ajoutai : « Il ne fait guère de cas des gardes nationaux pour venir, ficelé comme il l'était, pour inspecter un poste. » Je posai sabre et giberne et m'en suis allé chez moi. Pour se venger de ce que je l'avais apostrophé, il fit un rapport contre moi, dans lequel il disait que le chef du poste m'avait donné l'ordre d'ôter mes galons, que je m'y étais refusé et que le lieutenant Liégard m'avait renvoyé du poste.

Je fus cité au conseil de discipline.

Au moment de délibérer, je dis à mon bottier, qui faisait partie du conseil : « Ne me punis pas trop fort, ou tu perdras ma pratique. » La loi, pour la première punition dans la garde nationale, inflige la réprimande; pour la seconde, douze heures de prison; et pour la troisième, vingt-quatre heures; mais moi, par protection, ils me condamnèrent à quarante-huit heures de prison. Je leur dis : « A la bonne heure, quarante-huit, c'est la pièce d'alarme : voilà comment on doit condamner un canonnier. »

J'ai choisi un samedi pour aller à l'Hôtel des Haricots. En entrant dans la salle, le président me demanda ma bienvenue : je donnai cinq francs. Au bout d'une heure, il arriva un M. de... avec son groom, qui lui portait son pardessus. Le groom était en livrée. Un étalier-boucher était président, il dit à ce monsieur : « Lisez ! » Au-dessus de la porte il était écrit : « Tout entrant doit payer sa bienvenue ». Quand ce monsieur eut fait la lecture ci-dessus, il se tourna dédaigneusement vers l'étalier et lui dit : « Est-ce que vous demandez l'aumône? » L'étalier cria : « Aux armes ! » Cinq ou six mauvais gas se saisirent chacun d'un traversin et s'apprêtaient à donner la schlague au monsieur; il me demanda ce que ces apprêts voulaient dire, je lui dis : « Vous avez affaire à un boucher, cela ne lui coûte pas plus d'assommer un homme qu'un bœuf; ils vont vous passer au traversin, jusqu'à ce que vous payiez votre bienvenue; faites comme moi : j'ai donné dix francs en entrant, on m'a laissé tranquille. » Il s'exécuta, on arrêta la manœuvre.

Ce monsieur m'offrit un cigare. Je lui demandai comment il s'était fait amener à l'Hôtel des Haricots, il me dit : « Monsieur, je ne veux pas monter la garde; il y a longtemps que l'on cherche à m'arrêter, j'ai mon hôtel à la Chaussée d'Antin : lorsque les agents chargés de m'arrêter m'attendaient à la porte de mon hôtel, je sortais d'une autre maison par une porte de communication; ils ont pris des informations et ont su que j'allais à ma campagne du côté de la cour de France; ils m'attendaient ce matin, et, au moment de franchir la barrière d'Italie, ils ont arrêté mon tilbury et m'ont amené ici. »

Il nous est arrivé un ouvrier serrurier; on lui demanda sa bienvenue, il nous dit : « Messieurs, j'avais un franc, j'ai acheté pour quatre sous de pain, voilà seize sous, c'est tout ce qui me reste. » On lui remit ses seize sous.

Arriva un ouvrier doreur de clous pour meubles. La

loi exemptait les ouvriers travaillant chez un patron, mais les conseils de discipline étaient souvent composés de personnes qui voulaient faire du zèle, pour tâcher d'obtenir les galons de caporal, ce qui leur faisait commettre des injustices.

Nous étions quarante-quatre, il y avait beaucoup d'argent à la masse, aussi on commanda un bon repas. L'étalier s'assit auprès du doreur de clous, qui avait l'air boniface ; il lui versait du vin rouge, la moitié de son verre, et sous prétexte de lui mettre de l'eau dans son vin il lui versait du vin blanc : le pauvre diable ne tarda pas à être étourdi. L'étalier lui dit : « Crie : vive le roi ! » Le doreur lui répondit : « On m'a dit qu'il y avait des mouches ici, je ne veux rien crier du tout ! » L'étalier se mit à crier : « Vive le roi ! » et persuada au doreur que ce cri n'avait rien de séditieux ; le doreur cria : « Vive le.... » Au moment de dire roi, l'étalier, qui cachait un gros morceau de fromage de Brie dans sa main, l'enfonça dans la bouche du doreur et lui barbouilla la figure avec le surplus de ce qui n'avait pas pu entrer dans la bouche. L'étalier se sauva ; le doreur, tout barbouillé de fromage de Brie, courait après et se frottait après tout le monde, qui le repoussait.

Un des détenus jeta un morceau de pain à un employé des droits réunis qui faisait sa ronde dans la halle aux vins, et lui cria : « Tiens, mange, vieux rat ! » L'employé lança une pierre à celui qui l'avait insulté ; la pierre passa à travers les barreaux de la fenêtre et vint frapper au visage un monsieur qui était en train de lire ; le sang coulait. Le directeur de la prison monta faire des réprimandes de ce que l'on avait jeté un morceau de pain à l'employé. Je lui dis que la chose était bien plus grave, de la part de l'employé, qui avait blessé un citoyen paisible. Le directeur persista dans son dire. Je m'écartai du groupe qui entourait le directeur, je m'emparai d'un petit pain qui était sur une planche, je le cassai en deux et lançai si bien le morceau que j'avais gardé, que je fis sauter les lunettes du directeur. L'étalier, auquel j'avais donné l'autre moitié du pain, le lança d'après moi; il avait un bonnet grec rouge; le directeur le remarqua et dit qu'il allait le faire descendre au cachot. Je lui fis observer que pour punir un garde national de la simple salle de police il fallait un jugement du conseil de discipline, et que lui, de son autorité privée, n'avait pas le droit de mettre un citoyen au cachot. Il descendit pour chercher la garde. Je dis à ces messieurs : « Il ne faut pas laisser emmener un citoyen au cachot. » Nous nous mîmes six hommes après un banc, trois de chaque côté. Je leur fis faire une manœuvre, ployer les jarrets comme quand les artilleurs chargent leurs pièces de canon, de manière que le banc frappait à bois debout dans la porte. Nous répétâmes plusieurs fois la manœuvre. On vint ouvrir la porte : nous étions prêts à faire jouer notre banc, croyant que c'étaient des gendarmes qui montaient. Nous fûmes bien surpris de voir quatre gardes nationaux et un caporal; je fis faire halte à la manœuvre, on laissa entrer les gardes nationaux; une fois entrés, on leur fit lire l'inscription qui était au-dessus de la porte : que tout entrant devait payer sa bienvenue. Ils s'exécutèrent de bonne grâce, mirent chacun un franc et trinquèrent avec nous. Je leur dis :

« Venez voir votre général. » Sur un gros pilier un artiste avait gravé très profondément le maréchal Lobau; il avait une seringue appuyée sur la hanche et des roseaux qui l'entouraient : il avait l'air du dieu des eaux. Les Parisiens lui en voulaient, depuis qu'à la place Vendôme il avait réprimé une émeute, non pas avec des coups de fusils, mais avec les pompes des sapeurs-pompiers : il les avait aspergés. On avait fait une chanson sur cet événement où il était dit :

> C'est la seringue qui vous distingue,
> Partisans du juste milieu, etc.

Il y avait à la salle de police un nommé Chevreuil, tailleur. Son frère arrivait d'Afrique, et, pour le recevoir, il fit venir vingt-cinq bouteilles de champagne. On se mit en gaieté. Le soir, il y avait plusieurs personnes couchées : on retourna les matelas sens dessus dessous, on se jeta les traversins à la tête et l'on cassa bon nombre de carreaux. Le lendemain matin, on appela plusieurs personnes pour sortir, mais à ce moment le geôlier leur dit : « Personne ne sortira avant que les carreaux ne soient payés. » Ces messieurs ayant soldé le dégât, on les mit dehors. A quatre heures on vint me chercher pour sortir : je dis que je ne sortirais pas avant d'avoir pris ma part d'un bol de punch monstre que l'on était en train de faire brûler. On est allé chercher la garde pour me mettre dehors.

Au point de vue historique, les quelques lignes que l'on vient de lire ouvrent des horizons nouveaux sur de petits faits militaires de notre grande épopée impériale, et viennent, en outre, confirmer d'autres faits déjà signalés. Si on laisse le côté historique pour aborder le côté psychologique, la lecture de ces extraits nous mène à des réflexions non moins curieuses. Le troupier français s'y dépeint tout entier avec sa hâblerie, son bon cœur, sa gaieté, ses saillies spirituelles de tous les moments. Tels se sont fait connaître déjà dans leurs mémoires, Coignet, Fricasse et tant d'autres, dont les caractères ont été analysés et étudiés par notre ami Henri Houssaye.

Pour notre part, nous n'insisterons que sur un point : Manière a vécu quatre-vingt-neuf ans, et, durant ces trois quarts de siècle, six années seulement ont compté dans son existence; le reste de sa vie s'est passé à conserver le souvenir de ces six années et à les regretter. « C'était le bon temps », disait le dragon Binet à Manière. C'est vrai! Il faut se rappeler que le peuple français préfère la gloire au bien-être; il lui faut avant tout la conscience de sa propre valeur, et ce sentiment se trouve seulement dans la guerre, car le danger surtout élève l'esprit. Enfin, c'est qu'en France on est avant tout amoureux de l'armée, de l'uniforme et de la vie militaire; on préfère coucher sur la dure et manger du biscuit, avoir un plumet et des habits galonnés et incommodes, au train-train ordinaire d'une vie tranquille et sans privations. Combien de fois nous-mêmes, en lisant l'histoire glorieuse de nos armées, n'avons-nous point regretté de n'avoir point été acteurs dans cette épopée superbe de vingt-cinq ans! Quoi, nous dira quelque philosophe (par trop philanthrope), si vous aviez survécu, ce qui est douteux, qu'auriez-vous gagné? Vous auriez eu les pieds gelés à la Bérézina, des rhumatismes, des blessures qui vous eussent estropiés; quant à la gloire, elle eût été pour vos chefs!

Mais les sentiments du fond du cœur, le moral

n'est-il donc rien? Comme Manière, notre vie se serait écoulée en faisant sans cesse retour en nous-mêmes sur ces moments de jeunesse où, la gaieté à l'âme, nous conquérions le monde sous les drapeaux de nos régiments; nous serions restés fiers, portant en quelque sorte écrits en lettres d'or, sur nos fronts, les mots de Jemmapes, Fleurus, Arcole, Austerlitz, Iéna!

FIN

22 893. — Imprimerie Lahure, rue de Fleurus, 9, à Paris.

Imprimerie Lahure, 9, rue de Fleurus, Paris.

www.ingramcontent.com/pod-product-compliance
Ingram Content Group UK Ltd.
Pitfield, Milton Keynes, MK11 3LW, UK
UKHW031928260826
14628UKWH00003B/1495

9 782016 130100